D1727817

Paradise now – durchs Nadelöhr

Für die grosszügige Unterstützung danken wir herzlich

Familien-Vontobel-Stiftung
Würth Finance International, Küsnacht (CH)
Bank Leu, Zürich
Netcetera AG, Zürich
Präsidialdepartement der Stadt Zürich
Erziehungsdepartement Kanton Glarus

Bruno Sonderegger, Fotograf
Ueli Knobel, Grafik und Layout
Remo Borner, Perkussion
Victor Wanderley, Saxophon
John Loretan, Posaune
Antonia Georgieva, Gesang
Marcel Benedikt, Bass
Florian Bienst, Klavier

Paradise now – durchs Nadelöhr

Ursula Knobel Malerei

Janos Knobel Musik

Fritz Billeter Text

VERSUS

Das Setting

Die Malerin Ursula Knobel und der Gitarrist und Komponist Janos Knobel haben sich zu einem ungewöhnlichen Experiment zusammengefunden. Was sie je einzeln erarbeitet haben, wohl aber im Wissen, dass der, die andere ebenfalls am Werk ist, bringen sie als etwas Gemeinsames, Zusammengehörendes vor das Publikum.

Zehn in Acryl oder in einer Mischtechnik mit Collage ausgeführte Bilder im Format von 120 mal 120 Zentimetern und zehnmal je zwei Bilder in gleicher Technik, aber von deutlich kleinerem Format (45 mal 45, 50 mal 50 oder 70 mal 70 Zentimeter) sind zwanzig Musik-Tracks gegenübergestellt, die jeweils wenige Minuten dauern. Die Reihenfolge dieser Bild/Musik-Paarungen wurde durch das Zufallsprinzip bestimmt.

Die malerische Gestaltungsweise von Ursula Knobel lässt sich schlagwortartig als <Post Painterly Abstraction> bezeichnen. Dem Betrachter, der Betrachterin will es scheinen, als wären die Bilder der Künstlerin leicht und beschwingt, fast wie Skizzen von der Hand gegangen. Einer ähnlichen Leichtigkeit und Beschwingtheit wird man in den Kompositionen von Janos Knobel begegnen, die sich an verschiedene ethnische Klänge anlehnen: <Einfache Harmonien, filigrane Rhythmen>, wie Janos selbst sagt. Er erkundet so erfolgreich die Möglichkeiten im Grenzgebiet zwischen E- und U-Musik.

Auf menschlicher Ebene ging es bei dieser Zusammenarbeit von Mutter und Sohn um ein Stück Individuation und Kulturisation, umso mehr als sich dieser Prozess vor dem Hintergrund abgespielt hat, dass Ursula Knobel in den siebziger und achtziger Jahren eine psychoanalytische Praxis betrieben hatte. Nun kam in gemeinsam-getrennter künstlerischer Arbeit das gegenseitige Abschied-nehmen von Mutter und Kind auf harmonische Weise ein wesentliches Stück voran.

Das Wagnis einer grenzüberschreitenden Zusammenarbeit, wie Ursula und Janos Knobel es versucht haben, reiht sich in eine reiche Tradition. Die Künste einander anzunähern, sie gar zu verschmelzen, in eine Synthese zu bringen, wurde (nicht zum ersten Mal) in der Romantik theoretisch erörtert, in der Spät- und Neo-Romantik um 1900, aber auch im 20. Jahrhundert bis in die Gegenwart immer wieder mit einigem Erfolg verwirklicht. Mehr darüber ist in diesem Buch im Abschnitt <Die Tradition> zu erfahren.

Vom 1. bis zum 28. März 2002 fand in der Galerie Werner Bommer, Zürich, eine Ausstellung statt, in der die dreissig von Ursula Knobel für das gemeinsame Experiment gemalten Bilder erstmals gezeigt und die Kompositionen von Janos Knobel gespielt wurden. In der Folge ist das vorliegende Buch entstanden.

Hinweise zum Gebrauch

Ursula und Janos Knobel arbeiteten je für sich, wiewohl stets auf das gemeinsame Projekt bezogen. Mehr über dieses Vorgehen ist im Abschnitt <Das Interview> nachzulesen. Janos hat sich immer wieder so und ähnlich geäussert: <Für mich hat das Experiment seinen Sinn erfüllt, wenn man das Zusammenwirken von Musik und Malerei als sich ergänzende oder gegensätzliche Stimmung aufnimmt, die jeder von uns beiden für sich allein so nie zu Stande gebracht hätte. Wollte man hingegen im Einzelnen fragen, inwieweit entspricht diese gemalte Farbe oder Form jener harmonischen oder rhythmischen Abfolge, würde man nur in einen Stress geraten.> Kommt dazu, dass die Zuordnung der Bilder zu den Tracks nach dem Zufallsprinzip erfolgte, so dass übereinstimmende Einzelheiten sich schon deswegen gar nicht einstellen konnten – oder höchstens ausnahmsweise, eben durch Zufall. Damit ist festgelegt, in welcher Richtung eine <Gebrauchsanweisung> gehen müsste; sie soll sich an Allgemeines halten, zum Beispiel zeigen, welche von diesem multimedialen Experiment erzeugten <Stimmungen> innerlich berühren, erfüllen können.

Davon ausgehend, dass in der Malerei die Wirkung der Farben in erster Linie Stimmung transportiert, halte ich fest, dass die Künstlerin für das hier zur Diskussion stehende Experiment vor allem lichte Blau, helle Grau und Grün, insbesondere Türkis bevorzugt hat. Dazu treten vitalere Gelb, Orange und Rot. Es ergibt sich daraus als einigermassen durchgehende Atmosphäre eine gleichsam morgendliche Kühle, die nie zur Frostigkeit erstarrt. Ein solcher farblicher Grundton kann zu Stille, Nachdenklichkeit, innerer Sammlung einladen. Die Grundfärbung von Janos' Musik lässt sich dagegen eher als <maritim-warm>, <einspinnend>, ja streckenweise als <süss> umschreiben; damit tritt seine Musik zur Farbtonalität von Ursula in einen belebenden Gegensatz. Anderseits steigert sie sich nie zum lodernden Brand; ihr Rhythmus ist still fliessend, zuweilen sogar feierlich, so dass sie wie Ursulas Kunst der/die HörerIn/BetrachterIn ebenfalls zur Meditation führen kann.

Farbe, Farbauftrag und die differenziert eingesetzte Collage-Technik verleihen der Malerei durchgehend die Qualität von Transparenz. Diese wird wiederum durch die Musik gesteigert oder bestätigt; nichts an ihr liegt schwer auf, nichts ist überinstrumentiert. Es ist eine an sich schlichte Grundtatsache, dass bildende Kunst sich im Raum, Musik sich in der Zeit entfaltet. Wobei hier mindestens erwähnt sein soll, dass die Malerei ebenfalls, wenn auch indirekt, über Mittel verfügt, Bewegung, also Zeit zu suggerieren, wie die Musik ihrerseits (geistige) Räume zu errichten, besser: Raumerfahrungen zu vermitteln vermag.

Diese grundsätzliche Raum(flächen)gebundenheit der Malerei kommt bei Ursula in den Bildern 15a/b besonders stark zum Ausdruck. In ihnen ist wie in einem flüchtig skizzierten Grundriss eine

Folge von Raumkammern angedeutet, so dass im Gegensatz dazu der zeitliche Verlauf der Musik umso kräftiger spürbar wird. Etliche Tracks sind tanzbar; die Malerei hingegen könnte das Tanzen nur höchst mittelbar darstellen. Es ist unter Umständen zwar sinnvoll, metaphorisch von einem tanzenden Pinsel zu sprechen, über den Ursula jedoch hier nicht verfügt. Anderseits wird man ihre Malerei durchaus als <beschwingt> bezeichnen dürfen, wodurch wir uns immerhin in einem weiteren Umfeld von Tanz befinden.

Es gibt in den Bildern der Künstlerin Stellen oder ganze Formgebilde (z.B. in 2a/b, 15a/b und 18), wo die Farbe ausbleicht, dünner aufgetragen ist, an den Formrändern blasser wird. In Über-einstimmung dazu lässt Janos die Musik auf den Schluss des Tracks hin etwa mal verebben oder versickern. Dieses Fade out ist also im vorliegenden Experiment beiden Medien analog; aber wieder ist zu sagen, dass sie in der Malerei als Zugleich, in der Musik als Ereignis nachvollzogen wird.

Als prekären Zustand nimmt man die Gleichgewichtsübung auf Bild 20 wahr. Acht mehr oder weniger regelmässige Farbquadrate bilden in drei gegeneinander versetzten Lagen so etwas wie ein Mäuerchen. Drei Farben wechseln sich ab: ein zitroniges Gelb, ein Taubengraublau, ein Weiss. Der Farbwechsel kann, auf die Lagen verteilt, als Formel dargestellt werden: ZG/TGB/ZG/W; W/ZG/TGB; TGB/W. Die BetrachterIn könnte nun zuoberst abschliessend einen letzten gelben Stein erwarten, weil derart die Farbabfolge zum dritten Mal durchgezogen worden wäre. Da dieses gelbe Quadrat aber nicht angebracht worden ist, entsteht zwar nicht eigentlich der Eindruck des Fragmentari-schen, sondern eher der, dass eine Option offen gehalten wird. Die Musik verfährt im Track 20 einigermassen analog. Entsprechend den drei übereinander geschichteten Quadratreihen windet sich, drei Mal die Tonart wechselnd, die Melodie empor; jedes Mal weckt sie neue Hoffnung und nun setzt sie zum vierten und letzten Mal an; aber der endgültige Durchbruch gelingt nicht; indem die erste Tonart wieder aufgenommen wird, sinkt die Melodie in sich zurück… Darüber hinaus eignet sich das Bild 20, das grundlegende Strukturproblem, Malerei als Raum-Kunst, Musik als Zeit-Kunst noch einmal anzusprechen. Man kann die Farbreihen dieses Bildes auch etwa von links nach rechts mit den Augen <lesen>. Dadurch erfassen wir dieses nicht als <Impact>, als ein Zugleich, sondern als ein Hintereinander, als Rhythmus. Anders gesagt, der Faktor Zeit kann sich hier in der Raum-Kunst Malerei offenbar doch bemerkbar machen.

Ursula Knobel geht mit ins Auge springenden Farbakzenten äusserst sparsam um. Umso mehr fallen die roten Punkte in den Bildern 9a/b und das kleine, von grösseren Flächen eingeklemmte rote Rechteck im Bild 16a auf. In der Musik von Janos, die ich ja als <still-fliessend> charakterisiert habe, treten vergleichbare Akzente weniger stark hervor. Bei Ursula aber halten sie den Betrachterblick mindestens vorübergehend fest; sie fesseln ihn auf einer Stelle im Raum.

Diese wenigen Angaben sind lediglich als Anregung gedacht. Es versteht sich, dass sie nicht als Ansatz zu einer Systematik missverstanden werden dürfen.

Die Tradition

Das Experiment von Janos und Ursula Knobel, Musik und Malerei zu einer höheren Synthese zusammenzuführen, steht in einer reichen Tradition, deren Wurzeln bis in die magischen Hochkulturen vor allem Chinas, Indiens und Persiens zurückzuverfolgen sind. Eine umfassende Darstellung solcher Versuche gibt es meines Erachtens noch nicht. Spätromantik und Neo-Romantik im Fin de Siècle, also zum Beispiel Symbolismus und Jugendstil, kurz die <Vormoderne> überhaupt, aber auch die klassische Moderne haben solchen integrativen Anstrengungen immer wieder starken Anschub verliehen. Hier seien lediglich stichworthaft-flüchtig einige markante Leistungen hervorgehoben, wie sie im letzten Drittel des 19. und im 20. Jahrhundert zu Stande kamen.

Unter der Kuppel des Tempels

Richard Wagner suchte für seine Musikdramen, deren Libretti er ebenfalls selbst verfasste, indem er hauptsächlich aus den Sagen und Epen des deutschen Mittelalters schöpfte, einen geweihten Ort, einen Tempel. 1872 legte er den Grundstein für sein Festspielhaus in Bayreuth. Damit war die Idee des <Gesamtkunstwerkes> eindrücklich verwirklicht und für Jahrzehnte beispielgebend. Noch vor dem Ersten Weltkrieg entstanden zwei weitere solche <Orte der Kraft>: das Goetheanum in Dornach bei Basel von Rudolf Steiner, dem Begründer der Anthroposophie, und das von Walter Gropius erbaute und geleitete Bauhaus in Dessau. Beide Initianten strebten nach einer umfassenden Integration der Künste und waren überzeugt, sie auf diese Weise zu erneuern. Gropius glaubte, dass ein solches Zusammenwirken unter der Führung der Architektur gelingen müsse; ihm schwebte eine Art Kathedrale der Zukunft vor. Steiner dehnte die Synthese noch weiter; auch die Wissenschaften, denen die Künste seiner Auffassung nach als Erkenntnismittel überlegen waren, auch Philosophie, Religion und eine Neuordnung der Gesellschaft sollten in ihr Platz finden. Diesen Impuls hat seit den sechziger Jahren Joseph Beuys unter dem Begriff <soziale Plastik> weitergetragen.

Farbmusik

Innerhalb des Bauhauses experimentierte der Künstler Ludwig Hirschfeld-Mack mit seinen <Reflektorischen Farbenspielen>. Von dieser Apparatur und ihrer Handhabung ist nur wenig überliefert; aber es steht fest, dass die Erfindung eines Farbklaviers (und darum handelte es sich bei Hirschfeld-Mack) auf den französischen Jesuiten Chastel (1688-1775) zurückging. Hier knüpften auch Modest Mussorgski und vor allem Alexander Skrjabin an. 1911 wurde dessen Oper <Promé-thée> für Orchester, Klavier, Chor und Farbklavier uraufgeführt. Auch er strebte nach der allumfassenden Synthese: Ton, Farbe und Düfte, das Wort, der Tanz und die Mimik sollten zusammenwirken – und das in einem halbkugelförmigen Tempel.

So kühn (oder fast so kühn) wie Skrjabin träumte nur noch Kandinsky zu Beginn seiner Laufbahn als Maler. Aber all sein Streben nach der Synthese, die sich auf der Theaterbühne hätte verwirklichen sollen, blieb im Entwurfsstadium stecken. Er fühlte sich bei solchen Forschungen durch die Freundschaft mit Arnold Schönberg beflügelt. Als er diesen aufforderte, eine für Musik und Malerei gültige Harmonie auszuarbeiten, die er seinerseits in seiner 1911 erschienenen Schrift <Über das Geistige in der Kunst> mindestens umwarb, bekam er von Schönberg, dem grossen Theoretiker, eine abschlägige Antwort: <Das halte ich jetzt nicht für nötig. Wir suchen noch und suchen noch (wie Sie ja selbst sagen) mit dem Gefühl. Trachten wir doch dieses Gefühl nie an eine Theorie zu verlieren.> Hirschfeld-Mack kam als einer der ersten zur Einsicht, dass die Vermählung von Malerei und Musik mit Hilfe des Films zu erreichen sei. Mit seiner <Farbsonatine> nahm er am 23. Mai 1925 an einer denkwürdigen Matinée im Berliner UFA-Palast teil. Das Presse-Echo war stark, der Skandal unüberhörbar. Bezeichnenderweise wurde diese <Augenmusik des Films> (Bernhard Diebold) hauptsächlich von einigen bildenden Künstlern der Avantgarde wie Hans Richter, Viking Eggeling, Walther Ruttmann, Fernand Léger, Francis Picabia hervorgebracht. Noch hatte im UFA-Palast Oskar Fischinger gefehlt, der seine bedeutendsten, die Synthese suchenden Filme wie <Kreise>, <Komposition in Blau>, <Allegretto> erst in den dreissiger Jahren drehen sollte. Als Filmpionier verwirklichte er Kandinskys Vision einer engen Verknüpfung zwischen der <an sich> gegenstandslosen Musik mit einer <abstrakt>-ungegenständlichen, auch <absolut> genannten Malerei. Aber Fischinger, der in die USA emigrierte, kam in Europa nicht zu Ehren. Wohl haben auch hier viele den Musik bebildernden Film <Fantasia> gesehen, den Walt Disney 1941 drehte. In ihm trug der Deutsche eine Episode bei, in der er Bachs <Toccata und Fuge in d-Moll> in Abläufen von Farb-Form-Strukturen umgesetzt hat. Dieser Geniestreich kam zu anonymem Ruhm – ohne Ansehen der Künstlerpersönlichkeit Fischinger.

Globalisierung

Alle bis dahin erwähnten Versuche, die nach einer Vereinigung der Künste (insbesondere von Malerei und Musik) zielten, wurden in Schmerzen geboren, sei es in der angespannten Hoffnung, die in der Lebenswirklichkeit verlorene kosmische Einheit mindestens symbolisch auf der Ebene des künstlerischen Schaffens wiederherzustellen, sei es immerhin unter dem Pathos des Experiments, in der Erwartung, Neues hervorzubringen.

Das allerdings hat für die Oper nie gegolten, oder es galt höchstens, als sie sich im frühen 17. Jahrhundert in Italien als neue Kunstform herauszubilden begann. Sie integriert inzwischen gemäss ihrem Gattungsprinzip die Künste auf der Bühne ganz selbstverständlich.

In den siebziger und achtziger Jahren des 20. Jahrhunderts wurden die Synthetisierungsversuche der Künste, jetzt Mixed Media genannt, zum geläufigen Ausdruck der Jugend- und Massenkultur. Seit dieser Zeit trat und tritt jede Popgruppe, die etwas auf sich hält, mit einer Lightshow auf, und seit dem Beginn der achtziger Jahren versorgt der Fernsehsender MTV, erst in den USA, dann auch in Europa im 24-Stunden-Betrieb unseren Planeten mit Musik-Videos. Solche Videoclips dienten ursprünglich fast ausschliesslich der Promotion von Rock- und Popgruppen. Ihre schrille Ästhetik der harten Schnitte und der überflutenden Bildassoziationen leitet sich von der Pioniergeneration Richter und Fischinger oder vom amerikanischen Underground-Film her; deren Errungenschaften von der jungen Generation ohne Skrupel und oft ahnungslos ausgebeutet werden.

Die Aufbruchsstimmung bei den Gestaltern multimedialer Werke ist also auf das Ende des 20. Jahrhunderts hin versandet; der Umgang mit den Mixed Media ist zur Selbstverständlichkeit, wenn nicht zur Plattitüde geworden; was einst eine Avantgarde umtrieb, hat sich popularisiert und kommerzialisiert. Wie passt nun das multimediale Experiment von Janos und Ursula Knobel in diesen Kontext? Die beiden fühlen sich sicher nicht einfach vom Mainstream getragen; das Besondere, das Abenteuer ihres Unternehmens ist ihnen bewusst. Dem sollte man aber eine Äusserung von Janos zur Seite stellen, er habe gegenüber den Leuten einen <Horror, die schon die Nase rümpfen, weil eine Musik süffig klinge>. Diese Bemerkung spielt auch darauf an, dass seit einigen Jahrzehnten der Graben zwischen U- und E-Musik überbrückbarer geworden ist, dass inzwischen beide Seiten neue kreative Verbindungen einzugehen vermögen. Auch Janos und Ursula Knobel haben versucht, ihr Experiment ohne elitären Avantgarde-Krampf zu Stande zu bringen. Dieser neuen Gelassenheit – vielleicht ein Grundmerkmal derjenigen Postmoderne, die mir bedeutend erscheint – steht aber dennoch wieder so etwas wie ein Pathos gegenüber, denn sie haben einen Schritt ins Unbekannte gewagt.

Das Interview

Fritz Billeter

Seit dem Februar dieses Jahres führen wir in regelmässig-unregelmässigen zeitlichen Abständen Gespräche, die alle um euer gemeinsames Experiment kreisen, bei dem eure Musik und Malerei sich zu einem Ganzen zusammengefunden haben, das Hörerenden und Betrachtenden mehr bringen soll als die Summe seiner Teile. Manchmal sind diese Gespräche wenig strukturiert, eher wie ein Brainstorming verlaufen; dennoch haben sich für mich immer deutlicher drei grosse Themen herauskristallisiert, zu denen ich euch heute, Dienstag, den 23. April 2002, und in weiteren gemeinsamen Treffen näher befragen möchte. Die Themen seien, falls ihr einverstanden seid, stichworthaft mit <Illustration und Autonomie>, <Zufall> sowie <Improvisation> gekennzeichnet. Schliesslich scheint mir der Buchtitel <Paradise now – durchs Nadelöhr> erklärungsbedürftig. Das ihm anhaftende Geheimnisvolle wollen wir später zusammen etwas aufhellen. Im Augenblick sei lediglich hervorgehoben, dass dieser Titel in unseren Gesprächen ziemlich unvermittelt auftauchte – sagen wir, ebenfalls als ein Geschenk des Zufalls.

Autonomie gewähren

Fritz Billeter

Ich beginne also mit dem Problem Illustration, besonders für dich, Janos, wie ich gemerkt habe, förmlich ein Reizwort. Warum?

Janos Knobel

Ich bin der Auffassung, dass der Begriff Illustration Kompromisse, ja sogar Unterordnung beinhaltet. Nehmen wir beispielsweise den Film als Gattung; die Filmmusik hat die Aufgabe, die in Bildfolgen dargestellte Handlung zu unterstützen und zu verstärken; Filmbild und Filmhandlung setzen ihr den Rahmen, sie ist also illustrativ. Oder nehmen wir einmal an, Ursula hätte von mir erwartet, dass ich auf ein in einem ihrer Bilder vorherrschendes Rot musikalisch antworten werde, dann würde ich das als <stressig> empfinden, übrigens auch fürs Publikum, von dem ja nun verlangt wird, dass es die Entsprechung von jenem Rot mit meiner musikalischen Reaktion nachzuempfinden vermag. Ich denke also, dass illustratives Gestalten mit einer wichtigen Grundthese unseres Experiments nicht vereinbar ist.

Ursula Knobel

Eine Hauptvorgabe unseres Experiments heisst Autonomie: Weder sollte sich der eine dem andern unterziehen, noch sollte irgendwo und irgendwann eine Verschmelzung unseres Schaffens oder eine Verschmelzung der einen Person in der andern stattfinden. Wäre das geschehen – ich spreche aus der Sicht der Psychoanalyse – hätte ich zum Beispiel die verschlingende oder doch beherrschende Mutter verkörpert, hätte sich Janos als Sohn regressiv verhalten. Die Grundregel, gegenseitig Autonomie zu gewähren, war uns so wichtig, dass wir uns während des Arbeitsprozesses nie über das unterhielten, was wir planten oder gerade zu tun gedachten. Wir redeten lediglich über unsere innere Befindlichkeit, und im übrigen war es jedem von uns genug zu wissen, dass der andere vielleicht eben jetzt in seinem Atelier an unserem Vorhaben arbeitete. Das Gefühl tiefer Zusammengehörigkeit konnte sich auch daran bestätigen, dass unsere Ateliers, beide in der Altstadt von Zürich, räumlich nur durch eine Häuserzeile getrennt sind.

Janos Knobel

Ich ging stets davon aus, dass unsere Sensibilität, ja Spiritualität ähnlich ist. Aber diese seelische Verwandtschaft machte mir meine Ablösung nicht eben leichter. Gerade deswegen war für mich das gegenseitige Wahren und Gewähren von Autonomie als Grundvoraussetzung unverzichtbar, und diese Voraussetzung schloss nun wieder jedes illustrative Gestalten aus.

Ursula Knobel

Ich erinnere mich an eine Veranstaltung im Stadthof 11 anlässlich der Zürcher Junifestwochen 1992, die John Cage und James Joyce gewidmet waren. Cage und Merce Cunningham haben ähnlich wie Janos und ich zusammengearbeitet. Für die Tanzaufführung im Stadthof 11 hatten Cage seine Musik und Cunningham seine Ballettchoreografie unabhängig voneinander geschaffen; Musik und Tanz kamen an der Premiere zum ersten Mal zusammen. Es war verblüffend, wie homogen Musik und Tanz wirkten, wie füreinander geschrieben. Da kann doch die Idee aufkommen, dass ich, wenn ich mich ganz tief auf mich selbst einlasse, plötzlich auf eine wohl universell-lebendige Ebene gelange, wo ich dem anderen Menschen begegne. Also durch sich selbst hindurch zu den andern – wie im Märchen: durch den Ziehbrunnen in die neue Welt der Frau Holle oder wie bei Joseph Beuys durch das Nadelöhr zum erweiterten Kunstbegriff.

Schenkender Zufall

Fritz Billeter

... durch das Nadelöhr zum erweiterten Kunstbegriff. Damit hast du schon das Rätselhafte unseres Buchtitels angesprochen. Wir werden das später noch weiter vertiefen. Jetzt aber möchte ich das Gespräch stur nach meinem Fahrplan weiterverfolgen. Unsere nächste Station heisst Zufall. Inwiefern hat der Zufall für euer Experiment eine Rolle gespielt? Klar ist für mich bis jetzt nur, dass ihr die Bilder und die Musikstücke nach dem Zufallsprinzip einander zugeordnet habt.

Janos Knobel

Auch das so ein kleiner Trick von uns, um illustrative Beziehungen zwischen Malerei und Musik von vornherein zu unterbinden.

Fritz Billeter

Aber ich nehme an, dass damit die Bedeutung des Zufalls für euer Experiment nicht ausgeschöpft ist. Im Hinblick auf unser Gespräch habe ich wieder einmal das ausgezeichnete Buch ‹Kunst und Antikunst› des Dadaisten Hans Richter zur Hand genommen und unter anderem folgende Stelle über den Zufall gefunden: ‹Indem wir (gemeint sind die Zürcher Dadaisten) das Unbewusste, das im Zufall enthalten ist, direkt anriefen, suchten wir dem Kunstwerk Teile des Numinosen zurückzugeben, dessen Ausdruck Kunst seit Urzeiten gewesen ist, jene Beschwörungskraft, die wir heute in den Zeiten allgemeinen Unglaubens mehr denn je suchen.› Sind eure Erfahrungen mit dem Zufall denen des Dadaisten Hans Richter ähnlich ?

Janos Knobel

Könnte sein, aber ich würde meinen Umgang mit dem Zufall nicht in Richters Worten umschreiben. Der Begriff ‹das Numinose› gehört beispielsweise nicht zu meinem Wortschatz.

Ursula Knobel

In letzter Zeit habe ich mir eine stehende Wendung zugelegt; ich sage den Leuten, die sich für meine Arbeit interessieren: ‹Ich male nicht, wenn ich Ideen habe, ich male nur, wenn ich keine habe.› Zwar kann ich, genau genommen, auch mit Ideen im Kopf malen, aber es befriedigt mich nie, was dann entsteht. Ich gebe mein Bestes, wenn ich aus einer Grundsehnsucht, aus einer inneren Leere male. Dabei geschieht es, dass ich staunen kann, dass mir Überraschendes zufliegt. Dieses Überraschende könnte ich auch Zufall nennen. Dabei kommt mir ein Gleichnis des chinesischen Schriftstellers Dschuang-Dsi in den Sinn. Ein Kaiser verliert eine kostbare Perle. Um sie wiederzufinden, schickt er Boten aus, zuerst das Wissen, dann die Klarsicht und dann die Redegewalt; sie alle kommen unverrichteter Dinge zurück. Schliesslich schickt der Kaiser die Absichtslosigkeit auf den Weg, und sie findet die Perle.

Janos Knobel

Es geht mir ähnlich, wenn mir die Arbeit gut läuft. Dann brauche ich nur noch anzunehmen, was mir zu - fällt. Es ist mir dann auch gleich, ob dabei ein Walzer oder Heavy Metal herauskommt. Ich kenne grundsätzlich zwei Methoden, wie ich an eine Sache herangehe. Entweder ich setze mir von vornherein einen Rahmen und bewege mich in ihm, ich weiss, was ich will, weiss ungefähr, was herauskommt, und was man von mir erwartet. So arbeite ich beispielsweise für eine brasilianische Band, ich bediene sie und auch das Publikum. Oder aber ich verhalte mich experimentell, das heisst, ich möchte etwas erforschen, die Neugierde treibt mich, ich weiss nicht, was herauskommen wird. Dann geht es mir wie Ursula, ich werde immer wieder überrascht, was mir da zufällt.

Fritz Billeter

Könntest du mir einen anderen Künstler nennen, der nach deiner zweiten Methode arbeitet, der ebenfalls gattungsübergreifende Kunst erprobt und der dir einen besonderen Eindruck gemacht hat?

Janos Knobel

Da kommt mir Laurie Anderson in den Sinn, eine Performance von ihr im Kongresshaus Zürich. Sie hatte Sonden an ihren Körper angesetzt, die, je nachdem, wie sie sich bewegte, Klänge erzeugten. Steuert sie den Computer oder dieser sie, fragte ich mich. Für mich verkörpert Laurie Anderson geradezu das Experiment. Aber besonders prägend für mich war John Cage.

Fritz Billeter

Gerade er hat sich – und dabei setzt er die Linie der Dadaisten und Surrealisten fort – stark auf den Zufall eingelassen.

Janos Knobel

Ja, er hat sich beim Komponieren oft strenge Spielregeln auferlegt. Er hat dabei auch das I Ging befragt. Er wollte über die Einwirkung von äusseren Faktoren die Grenzen seines Ich, seines persönlichen Geschmacks überwinden, zu einer grösstmöglichen Freiheit gelangen. Allerdings bin ich der Auffassung, dass in einer solchen Methode auch eine prinzipielle Gefahr lauert. Sie kann dazu führen, dass ein Künstler kaum mehr seine eigene Verantwortung wahrnimmt, sondern sich ständig auf das Konzept beruft, wohl vor allem dann, wenn er mit seinem Werk keinen Anklang findet.

Fritz Billeter

Während du, Janos, über Cage redest, kommt mir ein Maler in den Sinn, der Konstruktive Richard Paul Lohse, der offenbar genau das Gegenteil von Cage vertreten hat. Lohse überliess nichts dem Zufall, seine Bilder treten als streng geregelte Reihen und Rhythmen standardisierter Farbquadrate in Erscheinung. Er schrieb in seinen <Entwicklungslinien>, dass die modularen und seriellen Systeme in seinen Werken sich als <eine Geschichte neuer Methoden> darstellen. Die von ihm ersonnenen Bildgesetze und Spielregeln seien gerade das sichtbar gemachte Thema der Bilder, die Formstruktur gleichzeitig deren Inhalt. <Maschine und Ausdruck werden gleichzeitig entwickelt, die Methode stellt sich selbst dar, sie ist das Bild.> Da haben wir also einerseits Cage, der sich dem Zufall auszuliefern scheint, und Lohse anderseits, der seine Werke durchgehend plant. Und doch: Berühren sich die beiden nicht irgendwo?

Janos Knobel

Ich sehe schon einen Berührungspunkt, indem beide, jeder auf seine Weise, ihre Ich-Begrenzung zu durchbrechen versuchen, indem sie nur mehr Medium sein wollen. Das Komponieren beziehungsweise das Malen vollzieht sich dann jenseits von persönlichen Vorlieben oder Abneigungen. Der eine gelangt über seine Ich-Begrenzung hinaus, indem er sich von aussen durch den Zufall bestimmen oder doch mitbestimmen lässt, der andere, indem er sich an objektive Gesetze zu halten behauptet – wobei beide sich dennoch frei fühlen können: Cage wird gesagt haben, ich bin es, der würfelt, ich selbst bin es, der den Zufall provoziert, während Lohse gesagt haben mag, dass er selbst es war, der die Spielregeln erfunden hat, dass er sich ihnen freiwillig unterworfen hat.

Fritz Billeter

Das heisst also, <Zufall und Notwendigkeit> – so lautete übrigens ein in den siebziger Jahren viel diskutiertes Buch des Biochemikers Jacques Monod – sind zwei Seiten ein und derselben Medaille, was übrigens auch mit unserer Alltagserfahrung übereinstimmen kann. Wir können den Zufall wie ein Geschenk annehmen und uns dabei frei fühlen; wir können aber auch von einem <furchtbaren Schicksalsschlag ereilt werden>, dem wir uns machtlos ausgeliefert sehen. Eine neue Erkenntnis, eine Bewusstseinserweiterung kann einem unter Umständen beide Male zuteil werden, sowohl beim schenkenden Zufall als auch beim uns zunächst einschränkenden Schicksalsschlag. Jedenfalls ist offensichtlich, dass sowohl Cage wie Lohse mit ihren Experimenten und ihren je eigenen Methoden eben das, eine Bewusstseinserweiterung, erreichen wollten. Lohse verriet mir einmal (und seine Erklärung wird sinngemäss auch für Cage gelten), dass er wohl einfach dem Zeitgeist, der eben herrschenden Mode nachgeben würde, wenn er die Farben nach seinem persönlichen Geschmack und aus seiner augenblicklichen Befindlichkeit heraus auf der Bildfläche verteilte. Da er aber die Farben, einem von seiner Individualität unabhängigen Gesetz gehorchend, variiere und kombiniere, gelange er so vielleicht zu bis anhin unerprobten Wirkungen.

Ursula Knobel

Von dieser Diskussion halte ich vor allem zurück, dass sowohl Cage wie Lohse bestimmte Hilfsmittel gebrauchen, um die Schranken ihres Ego aufbrechen zu können. Ich meine nun – eine Anmassung, ich weiss –, dass ich das ohne solche Hilfsmittel erreichen möchte, indem ich mich leer mache etwa von Vorurteilen; in diesem Zustand der Leere fällt mir dann Überraschendes und Erstaunliches zu. Ich kann mir zudem auch vorstellen, dass ich eines Tages gar nicht mehr malen muss und mich trotzdem erfüllt fühle.

Improvisation – grossartig nur als Konzept

Fritz Billeter

Ich möchte nun ein weiteres Thema ansprechen, nämlich das spontane Zusammenwirken verschiedener künstlerischer Medien in der Improvisation. Wobei wir im Auge behalten wollen, dass diese, wenn sie etwas bringen soll, doch auch der Organisation, eines organisierten Rahmens bedarf. Ich erinnere mich, dass in den achtziger Jahren die Malerin Rosina Kuhn mit bedeutenden Musikern wie der Jazzpianistin Irène Schweizer und dem Drummer Pierre Favre in ihren Aufführungen in einen spontanen Dialog traten. Aber auch du, Ursula, hast 1990 auf diesem Gebiet, zum Beispiel im Kulturraum von Urdorf deine Erfahrungen gesammelt. 1999 hast du im <Haus der Stille> in Kappel ausgestellt, und, angeregt von deinen Werken, improvisierten Janos und H.P. Krüsi auf Gitarre und Klavier. Ich möchte nun von euch wissen: Ist eine derartige improvisierte Begegnung zwischen Malerei und Musik für euch bis heute denkbar und interessant?

Janos Knobel

Gegenwärtig kommt eine Improvisation wie damals im <Haus der Stille> für mich nicht in Frage; aber grundsätzlich bleibt sie für mich eine Möglichkeit, die übrigens heute von vielen Gruppen sehr häufig genutzt wird. Innerhalb der Musik-Formationen, an denen ich beteiligt bin – etwa bei <Pool>, in der Gruppe, in der wir mit elektronischer Musik experimentieren – kommt es immer wieder vor, dass wir improvisieren, uns sogar in jenen <anderen Zustand> bringen, in dem wir uns besonders frei und besonders kreativ fühlen. Und dann mache ich hinterher immer wieder die gleiche Erfahrung; während des Anlasses fühle ich mich ganz besonders gut drauf, aber wenn ich dann die Aufzeichnungen anhöre, hält die Musik meiner Kritik nicht stand. Ich komme vor einem Publikum improvisierend nicht besonders gross in Form; aber es gibt natürlich Leute, die gerade in einer Live-Situation über sich hinauswachsen.

Fritz Billeter

Da erinnere ich mich an die Veranstaltungen des tachistischen Malers Georges Mathieu, ein Künstler, der heute nicht mehr im Gespräch ist; in den fünfziger und sechziger Jahren war er aber sehr bekannt. Mathieu begründete in seinem 1963 erschienenen Buch <Au-delà du Tachisme> eine ganze Theorie der abstrakten Zeichen und vor allem eine Theorie der Schnelligkeit. Darin legte er dar, warum er die Atelier-Einsamkeit verliess und was er sich von seinen öffentlichen Malauftritten versprach. So machte er sich im Mai 1956 im Rahmen einer <Nuit de la Poésie> im Theater Sarah Bernhard in Paris anheischig, in einer halben Stunde und vor 2000 Personen ein Bild im Grossformat 4 mal 12 Meter zu malen. Es ist hier nicht möglich, Mathieus <Esthétique de la Vitesse> und <Esthétique du Risque>, die er aus seinen Erfahrungen mit solchen Veranstaltungen abgeleitet hat, breit darzulegen. Festgehalten sei lediglich, dass er sich durch die Beschleunigung des Malaktes einerseits und unter dem Erwartungsdruck des Publikums anderseits immer wieder vorsätzlich in eine Extremsituation brachte. In dieser meinte er, sowohl einen seit dem Hellenismus befohlenen Perfektionsdrang und bis heute angestrebten Schönheitskanon als auch eine jahrhundertealte, kartesianische Sucht des Definierens und Kategorisierens abwerfen zu können. Aus einer solchen, zum Äussersten gehenden Spontaneität heraus, glaubte Mathieu, sei es erst wieder möglich geworden, sich auf das Unbekannte und das Geheimnis hin zu entwerfen.

Ursula Knobel

Beim ersten Anhören deiner Ausführungen regte sich bei mir Abwehr. Zum Beispiel ist der Exhibitionismus, über den dieser Künstler verfügt hat oder noch verfügt, nicht meine Sache. Dann habe ich es zugegeben eher mit der Langsamkeit als mit der Schnelligkeit, wobei aber zu sagen ist, dass Mathieu zu seiner Zeit wohl noch nicht unter derartigen Exzessen der Beschleunigung zu leiden hatte wie wir heute. Bei weiterem Nachdenken hat aber seine Praxis und seine Theorie auch etwas Bestechendes. Obwohl ich dann doch wieder finde, er hat innere Zensur und Konvention eher nur ausgetrickst als wirklich überwunden. Aber seine Sehnsucht ist wohl die gleiche wie meine: in ein totales Jetzt, also ins <Paradise now> zu gelangen. Ich glaube auch, dass ich mit meiner 1998 begonnenen, bis heute nicht abgeschlossenen Bildserie <los> mit Mathieu einigermassen parallel gehe. In dieser Sequenz versuche ich ebenfalls, jede Zensur durch den kritischen Verstand möglichst auszuschliessen. Aber ich benutze ganz im Gegensatz zu ihm ein kleines Bildformat, 45 mal 45 Zentimeter. Die Quadratnorm, ihre Unscheinbarkeit, und weil ich mir dieses Format vorgegeben habe, so dass ich mir darüber keine weiteren Gedanken mehr machen muss, erleichtert zusätzlich meine unvoreingenommene Spontaneität. Zehn Werke der Serie <los> sind übrigens in die Bilder-folge unseres Experiments aufgenommen.

Janos Knobel

Mathieu strebt offenbar dieselbe Voraussetzungslosigkeit an wie das Instant composing im Free Jazz. Aber auch da finde ich, was meine Musik angeht, das Konzept hat etwas Grossartiges, die Resultate in der Praxis sind für mich enttäuschend. Die vollkommen homogene Gruppe, die auf diese Weise Unerhörtes zu Stande bringt, habe ich noch nie getroffen. Meistens schlägt doch die altbekannte Gruppendynamik wieder durch mit ihren Hierarchien, bei welcher der eine oben ausschwingt und die andern sich behaupten oder gar zurücknehmen müssen. Und noch einmal zu Mathieu: Mich vor einem Publikum völlig frei fühlen, so ganz bei mir sein, dass mir aus dem Augenblick heraus die überraschendsten musikalischen Eingebungen geschenkt werden, das wäre das Grösste. Nur, beim Massstab, den ich an mir selbst anlege, will mir ein solcher Durchbruch bis jetzt nicht gelingen. Es müssten beim Improvisieren gleichzeitig drei Dinge zu Stande kommen: Ich müsste mich, wie Ursula sagt, leer machen, das heisst, die eigenen Klischees und eingeübten Muster abstreifen können; ich müsste auf das aufmerksam sein, was mir der Zufall schenken will und ich müsste schliesslich – wohl das Schwierigste – dazu fähig sein, meine Inspiration in die vom Instrument geforderte Technik umzusetzen. Diesen dreifachen musikalischen beziehungsweise menschlichen Ansprüchen bin ich bis jetzt nicht gewachsen.

Ein diesseitiges Paradies

Fritz Billeter

Versuchen wir noch den Titel <Paradise now – durchs Nadelöhr> etwas aufzuhellen. Er war ja sozusagen plötzlich unter uns, ein Vorschlag unter vier anderen, aber wir sind uns schnell einig geworden, dass er von allen der treffendste sei. Den ersten Teil <Paradise now> habe ich sofort mit der 68er Zeit assoziiert, besonders mit der von Julian Beck und Judith Malina gegründeten Truppe des <Living Theatre>. Diese übte sich auch ausserhalb der Bühne in einem auf dem Anarchismus beruhenden Zusammenleben. Das Stück mit dem Titel <Paradise now> hat die Truppe als Kollektivwerk im Hinblick auf das Theaterfestival 1968 in Avignon erarbeitet.

Ursula Knobel

Ganz sicher habe ich nie an ein paradiesisches Gefilde im christlichen Jenseits gedacht, schon eher an meinen Zustand innerer Leere, in dem ich mich frei fühle und mir die Dinge zufallen.

Janos Knobel

Ich denke bei <Paradise> weder produktebezogen noch an so etwas wie einen Raum, sondern an eine Stimmung, in der ich beim Komponieren ganz stark fühle, dass der Weg das Ziel ist.

Ursula Knobel

Jenes <Paradise now> ist selbstverständlich nicht leicht in Worten zu umschreiben. Ganz sicher verstehe ich darunter nichts Regressives, etwa den Rückzug auf eine konfliktlose, uterine Existenz, in der einem warm ist und in der man sich glücklich fühlt.

Fritz Billeter

Du fühlst dich also in jenem Zustand des <Paradise now> nicht glücklich?

Ursula Knobel

Ich sage nur, jener Zustand umfasst mehr als ein Aufgehobensein in etwas Warmem, Animalischem, mehr als ein Plantschen in der Gefühlssuppe. In ihm sind vielmehr alle meine seelisch-geistigen Kräfte integriert und wirksam, selbst meine kritisch-analytischen Fähigkeiten. Und das erlebe ich dann schon auch als ein Glück.

Fritz Billeter

Bliebe noch das <Nadelöhr> näher zu erklären. Ich habe dabei zuerst an das Christuswort gedacht, dass eher ein Kamel durchs Nadelöhr als ein Reicher in den Himmel kommt. Nun lässt sich dieser Vergleich nicht im vollen Wortlaut auf das Buch und seinen Titel anwenden; davon zurückzuhalten ist wohl nur, dass es schwer ist, jenen Zustand des <Paradise now> zu erreichen.

Ursula Knobel

Ich kann so weit beipflichten, als ich beim <Nadelöhr> an eine Krise und Beengung, aber auch an die totale Auflösung denke.

Janos Knobel

Als die Metapher vom Nadelöhr im Gespräch auftauchte, wurde sie mir rasch vertraut. Tatsächlich habe ich dessen Enge, also das Gefühl, bei einer Schaffenskrise eingeschnürt zu sein, immer wieder erfahren – und hoffentlich, wenn ich mich so ausdrücken darf, erfahre ich sie auch in Zukunft. Denn ich habe mit der Zeit begriffen, dass man eine eintretende Krise wagen muss, sie stellt ja stets auch eine Chance dar. Immer wieder durchs Nadelöhr gehen, das gehört für mich zur Kunst und zum Leben überhaupt.

Ursula Knobel

1992 getraute ich mich nach einer anhaltenden Krise wieder an die Öffentlichkeit mit einer Ausstellung in der Galerie Claudine Hohl, Zürich. Ich stellte sie unter ein Zen-Motto: <Wenn wir nicht

verstehen, sind Berge Berge. Wenn wir anfangen zu verstehen, sind die Berge nicht mehr Berge. Wenn wir richtig verstehen, sind die Berge wieder Berge.> Mit anderen Worten: Die Krise erfasste mich, als ich zu verstehen anfing und sich alles auflöste. Nichts mehr war gewiss, die Begriffe taugten nichts mehr, die Berge waren eben nicht mehr Berge. In diesem Zustand war ich im Nadel-öhr verklemmt, wusste weder ein noch aus. Schliesslich aber wurde es leicht und weit, die Berge sind wieder zu Bergen geworden. Ich wurde des Berges als Ganzes gewahr; er wurde mir durch-sichtig. Wobei ich mich, wenn ich so formuliere, stark an den für mich wichtigen Denker Jean Gebser anlehne. In einem <Paradise now> in diesem Sinn konnte ich mich eins mit dem kosmischen Ganzen erleben, und so gesehen gibt es für mich auch ein neues Glück.

Die drei Gesprächsteilnehmer trafen sich am 30. April 2002 im Atelier von Ursula Knobel zur Endredaktion des Interviews. Nur im Geist anwesend waren John Cage (1912-1992), Jean Gebser (1905-1973), Richard P. Lohse (1902-1988). Das Interview mag seine einigermassen endgültige Form gefunden haben, doch das Suchen geht weiter.

Fritz Billeter

1929 in Zürich geboren
Promotion an der Universität Basel
Unterricht an verschiedenen Mittelschulen
1971-1995 Kulturredaktor beim Tages-Anzeiger, Zürich
Heute freier Publizist

Seit 1983 Berater der Kunstsammlung
Charles und Agnes Vögele in Pfäffikon/SZ
Verfasser zahlreicher monografisch angelegter Bücher,
vorwiegend über Schweizer Künstlerinnen und Künstler
Letzte Publikationen:
Monografie über Hermann Alfred Sigg
Essay über das Museum Jean Tinguely, Basel

1 - Mischtechnik auf Leinwand, 120x120 cm, 2000

Track 1 für Gitarre und Saxophone

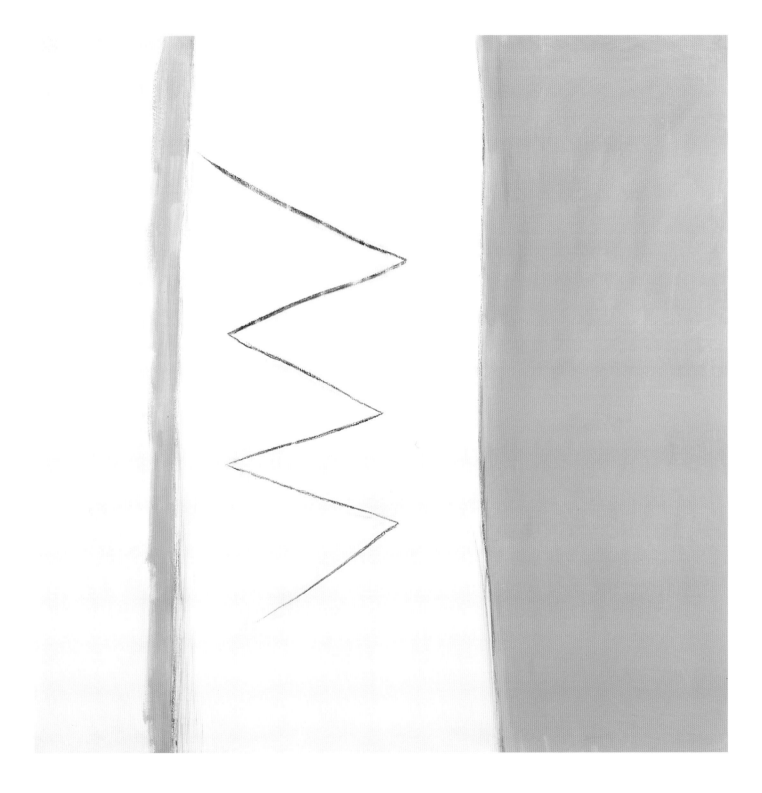

2a - Mischtechnik auf Papier auf Leinwand, 50x50 cm, 2001

Track 2 für Gitarre und Gesang

2b - Acryl auf Papier auf Leinwand, 50x50 cm, 2000

Track 2 für Gitarre und Gesang

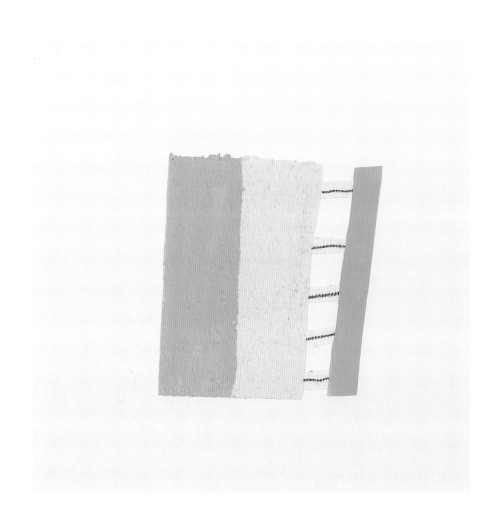

3a - los 118, Collage auf Papier, 45x45 cm, 2000

Track 3 für Gitarre

3b - los 122, Collage auf Papier, 45x45 cm, 2000

Track 3 für Gitarre

4a - los 152, Collage auf Papier, 45x45 cm, 2001

Track 4 für Synthesizer und Posaune

4b - los 145, Collage auf Papier, 45x45 cm, 2001

Track 4 für Synthesizer und Posaune

5 - Mischtechnik auf Leinwand, 120x120 cm, 1999-2001

Track 5 für Gitarre und Perkussion

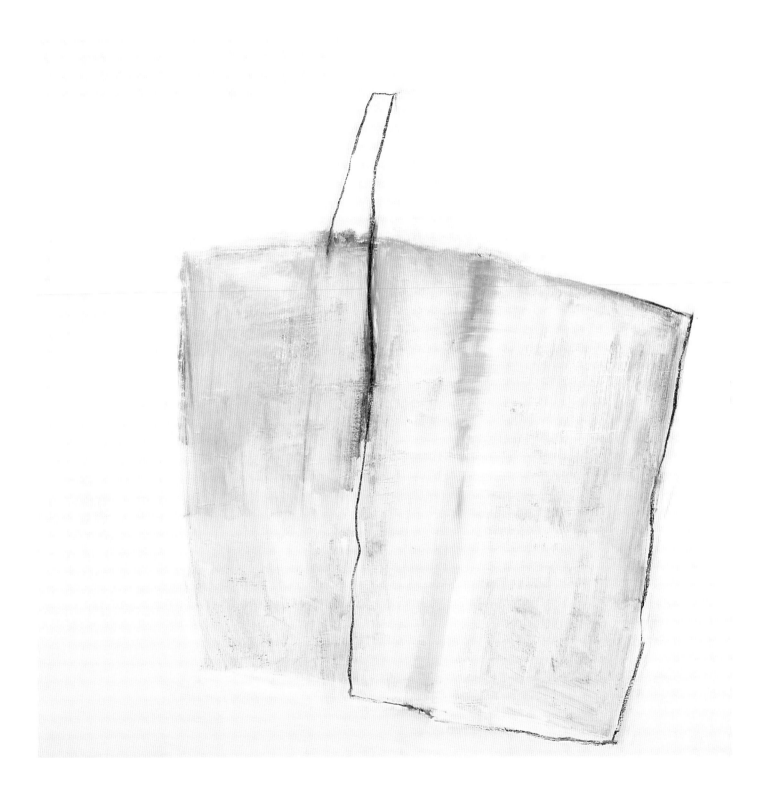

6 - Mischtechnik auf Leinwand, 120x120 cm, 2000/01

Track 6 für Marimbas und Perkussion

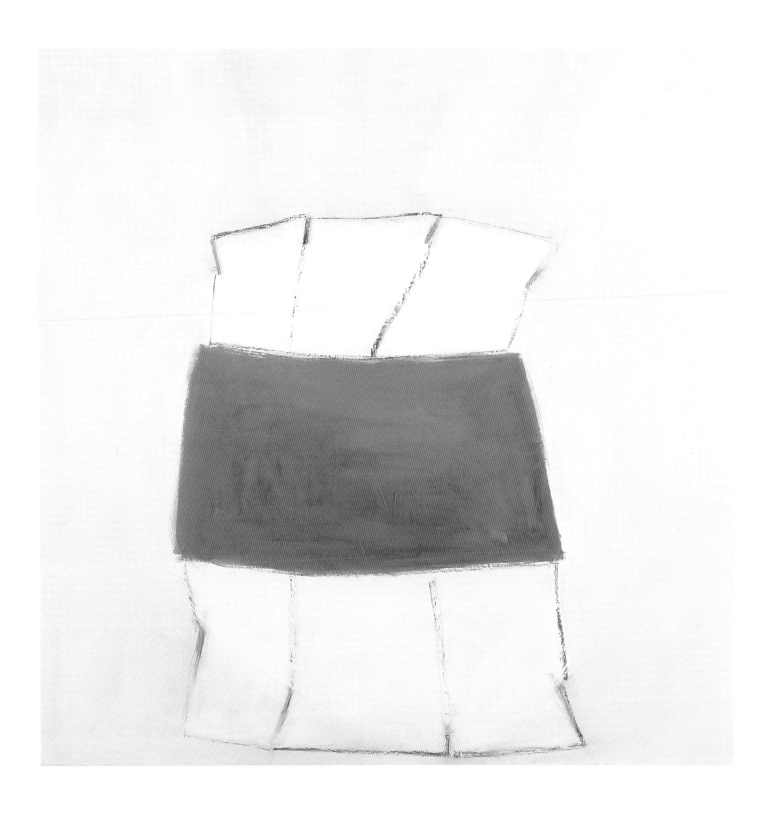

7 - Mischtechnik auf Leinwand, 120x120 cm, 2000/01

Track 7 für Gitarre und Flöte

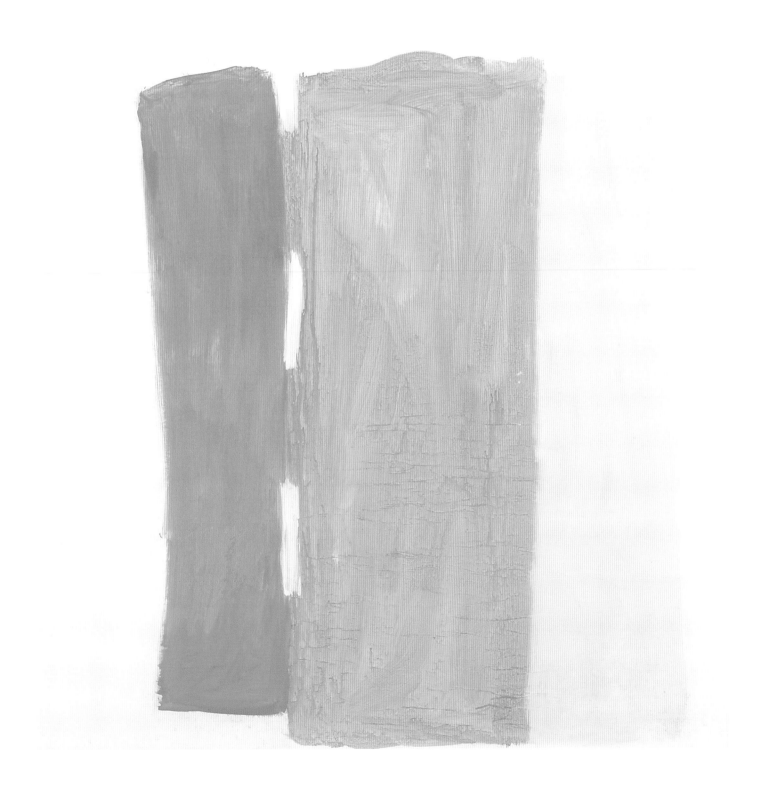

8 - Mischtechnik auf Leinwand, 120x120 cm, 2001

Track 8 für Gitarre und Perkussion

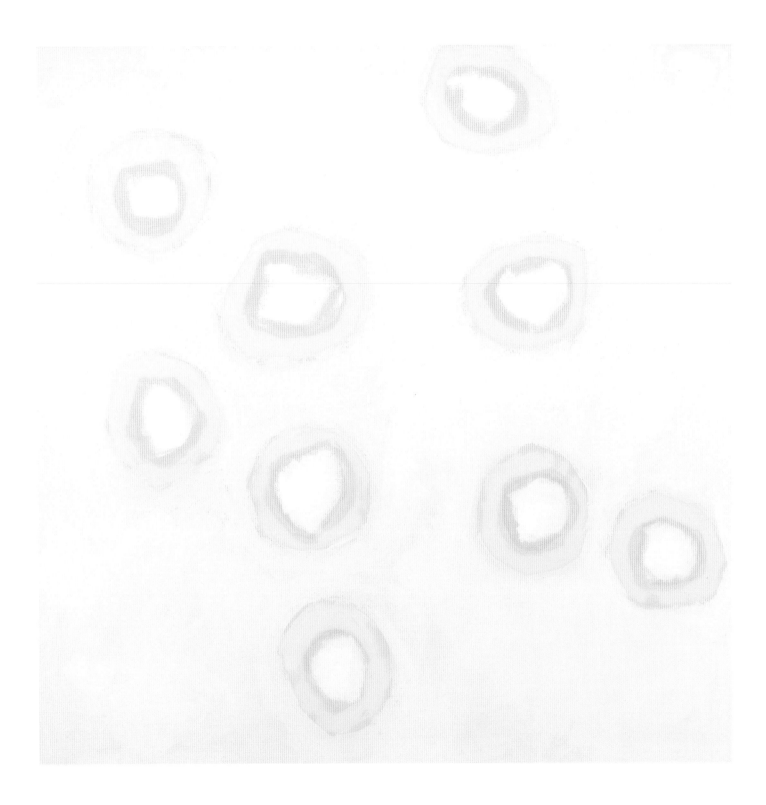

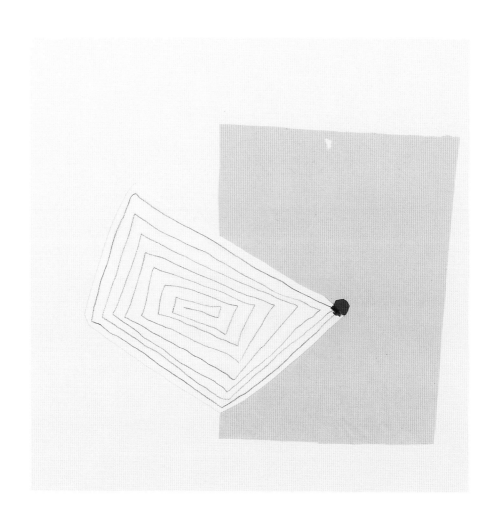

9a - los 139, Collage auf Papier, 45x45 cm, 2001

Track 9 für Gitarre und Synthesizer

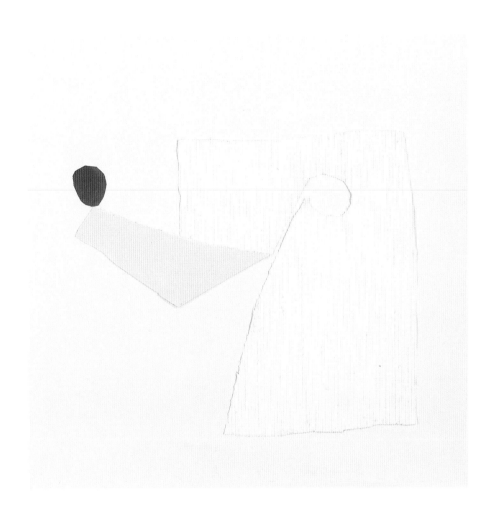

9b - los 149, Collage auf Papier, 45x45 cm, 2001

Track 9 für Gitarre und Synthesizer

10a - Mischtechnik auf Papier auf Leinwand, 70x70 cm, 1999/2001

Track 10 für Saxophon und Perkussion

10b - Mischtechnik auf Papier auf Leinwand, 70x70 cm, 1999/2001

Track 10 für Saxophon und Perkussion

11 - Mischtechnik auf Leinwand, 120x120 cm, 2000/01
Track 11 für Gitarre und Gesang

12a - los 143, Collage auf Papier, 45x45 cm, 2001

Track 12 für Gitarre und Streicher

12b - los 159, Collage auf Papier, 45x45 cm, 2001

Track 12 für Gitarre und Streicher

13a - Mischtechnik auf Papier auf Leinwand, 70x70 cm, 1999/2001

Track 13 für Gitarre und Perkussion

13b - Mischtechnik auf Papier auf Leinwand, 70x70 cm, 1999/2001

Track 13 für Gitarre und Perkussion

14 - Mischtechnik auf Leinwand, 120x120 cm, 2000/01

Track 14 für Gitarre

15a - Mischtechnik auf Papier auf Leinwand, 50x50 cm, 2001

Track 15 für Gitarre und Streicher

15b - Mischtechnik auf Papier auf Leinwand, 50x50 cm, 2000/01

Track 15 für Gitarre und Streicher

16a - los 129, Collage auf Papier, 45x45 cm, 2000

Track 16 für Piano, Bass und Saxophone

16b - los 130, Collage auf Papier, 45x45 cm, 2000
Track 16 für Piano, Bass und Saxophone

17 - Mischtechnik auf Leinwand, 120x120 cm, 2000

Track 17 für Gitarre und Marimbas

18 - Mischtechnik auf Leinwand, 120x120 cm, 2000/01
Track 18 für Gitarre und Synthesizer

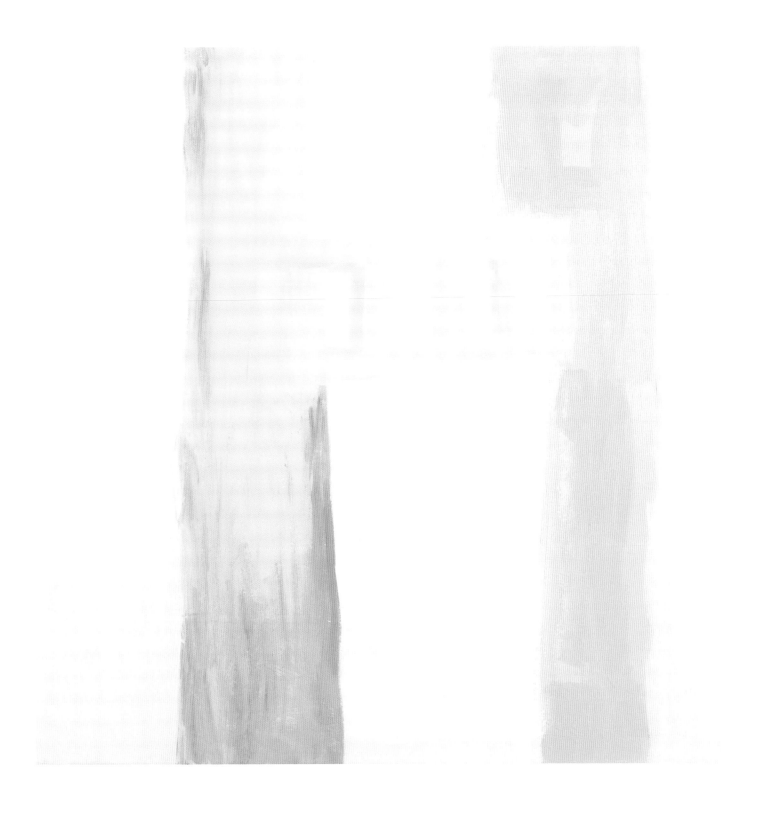

19a - Mischtechnik auf Papier auf Leinwand, 50x50 cm, 2000

Track 19 für Gitarre und Perkussion

19b - Mischtechnik auf Papier auf Leinwand, 50x50 cm, 2000

Track 19 für Gitarre und Perkussion

20 - Mischtechnik auf Leinwand, 120x120 cm, 2000/01

Track 20 für Gitarre und Streicher

Janos Knobel

1973 in Zürich geboren
Zwei Jahre musikalische Früherziehung
Drei Jahre Klavierunterricht
Sechs Jahre Saxophon bei Daniel Schneider
Acht Jahre Gitarre als Autodidakt
Fünf Jahre Ausbildung an der ACM Zürich, Hauptinstrument Gitarre
Diplom SMPV

Musikalische Tätigkeit
Komposition eines Musicals während der Sekundarschule
Einjährige Diplomarbeit über John Cage mit Abschlussvortrag und Aufführung
einer Eigenkomposition
Auftragskomposition für eine spirituelle Kreistanz- und Meditationsgruppe
Während des Musikstudiums Mitwirkung in mehreren Jazz- und Fusionformationen
Mitarbeit bei Neuvertonung des Filmes <Nacht der Gaukler>
Arbeit als Gitarrenlehrer auf Male (Malediven)
Aufnahmen mit Fathey, einem maledivischen Popstar (CD/Fenuparee)
Arbeit als Gitarrist bei einer Schlagerproduktion von Alex Eugster mit Peder Rizzi

Aktuelle Projekte
Malerei und Musik
<Pool>, Experimentierband im Bereich Trip-Hop/Drum'n Bass
<Victors Brazilian Affair>, brasilianische Jazz- und Popstandards
<Lightland>, Musikproduktionen mit Remo Borner

Ursula Knobel

1947 bei Zürich geboren

1968 Maturität

1969-75 Studium an der Universität Zürich (Psychologie und Kunstgeschichte)

Kulturpolitisches Engagement in Zürich; Ausbildung zur Psychoanalytikerin

1975-87 eigene Psychoanalytische Praxis in Zürich

Diverse Studienaufenthalte und Reisen in Europa, Asien, Nordafrika und USA

Seit 1973 Mutter

Künstlerische Tätigkeit: Malerei, Fotografie, Installation, Objekte

Gruppen- und Einzelausstellungen (Auswahl)

1987   Helmhaus Zürich mit GSBK

1988   Trudelhaus Baden (AG)

1988   Galerie Anita Dosch, Zürich

1989   Mühle Tiefenbrunnen, Zürich

1989   Kunsthaus Zürich mit GSBK

1990   Kulturraum Urdorf (ZH)

1991   Installation im Forschungsunternehmen für erweiterten
        Kunstbegriff (J. Beuys), Kassel (D)

1991   Arbeit im Böcklin-Atelier mit abschliessender Ausstellung, Zürich

1993   Galerie P'art, Zürich

1996   Mostra d'arte contemporanea, Grosseto (I)

1998   Kulturzentrum Kammgarn, Schaffhausen (Fotoinstallation)

1998   Galerie Werner Bommer, Zürich

1999   Haus der Stille und Besinnung, Kappel am Albis/ZH

2001   Galerie vista nova, Zürich, mit GSBK (Fotografie)

2002   Galerie Werner Bommer, Zürich

2002   Festival Kunst der Stille, Baden-Baden (D)

Versus Verlag, Zürich, 2002

© 2002 Ursula Knobel, Janos Knobel, Fritz Billeter, Zürich

Gestaltung: Ueli Knobel, Zürich

Fotografie: Bruno Sonderegger, Zürich

Lektorat: Versus Verlag

Druck: Neidhart + Schön AG, Zürich

Einband: Burkhardt AG, Mönchaltorf

CD-Herstellung: CD Press Switzerland

ISBN 3 909066 03 8